Disney

Les Sorciers de Waverly Place

Tout feu tout flamme !

Cet ouvrage a initialement paru en langue anglaise
en 2008 chez Disney Press sous le titre :
Haywire, écrit par Beth Beechwood.
Basé sur la série Les Sorciers de Waverly Place créée par Todd J. Greenwald.
Première histoire adaptée de l'épisode « Curb Your Dragon »,
écrit par Gigi McCreery & Perry Rein.
Deuxième histoire adaptée de l'épisode « I Almost Drowned
in a Chocolate Fountain », écrit par Gigi McCreery & Perry Rein.

Traduit de l'américain par Blandine Longre.

Conception graphique de la série : Audrey Cormeray.

Hachette Livre, 43 quai de Grenelle, 75015 Paris

Disney

Les Sorciers de Waverly Place

Tout feu tout flamme !

hachette
JEUNESSE

ALEX

Alex Russo est une sorcière espiègle et têtue qui rêve d'avoir plus de liberté. Elle se dispute souvent avec sa mère et refuse de lui obéir… Alex possède un véritable talent pour la magie, et elle espère remporter, un jour, le concours de sorcellerie familial !

MAX

Max, le plus jeune des enfants Russo, est curieux et malin, et passe son temps à faire des farces. Il ne sait pas toujours maîtriser ses pouvoirs magiques et, lorsqu'il s'en sert, c'est souvent une catastrophe !

JUSTIN

Justin est l'aîné des enfants Russo. Contrairement à sa sœur, c'est un élève sérieux : il étudie la sorcellerie depuis des années et réussit (presque) tout ce qu'il entreprend. Très intelligent, il aimerait qu'Alex respecte plus souvent les règles !

Première histoire :

Tout feu tout flamme !

I

Avoir un père sorcier a de nombreux avantages, surtout si on hérite de ses pouvoirs magiques. En revanche, prendre des cours de magie deux fois par semaine a beaucoup d'inconvénients... Mais les enfants Russo sont bien obligés de les suivre.

Ce jour-là, Alex, Justin et Max se retrouvent dans le sous-sol en râlant. Cette semaine, en plus des deux cours hebdomadaires, M. Russo a ajouté un cours le dimanche : il veut que les trois jeunes apprentis s'entraînent plus sérieusement.

Pour que la leçon soit plus amusante, leur père a décidé qu'ils allaient s'exercer à lancer de nouveaux sorts. Alex est très contente : elle adore essayer de nouvelles choses. Elle se concentre, prononce une formule magique et… Jerry Russo se transforme aussitôt en chèvre !

Les trois enfants éclatent de rire.

— Très bien, Alex. Maintenant, annule ce sortilège, lui dit son père.

— Oh, papa, tu es vraiment mignon comme ça ! répond gentiment sa fille.

Mais M. Russo n'est pas d'humeur à plaisanter.

— Ça n'a rien de drôle, proteste-t-il en poussant un bêlement. Alex, dépêche-toi de me transformer de nouveau !

— D'accord, pas de problème.

Huminoza-espinoza ! chantonne-t-elle. Voilà !

Son père reprend sa forme humaine, mais malgré tout, les trois jeunes apprentis continuent de rire.

— Ça suffit ! s'écrie M. Russo. Vous avez assez ri pour gagner une heure de devoir supplémentaire. Tout de suite ! leur ordonne-t-il.

Alex, Justin et Max vont s'asseoir à leur bureau en grognant.

— Et pas de bêtises, d'accord ? ajoute Jerry Russo. Au travail. Ah ! Vous riez moins, maintenant, constate-t-il, amusé.

Il essaie de rire à son tour, mais le bruit qui sort de sa bouche ressemble à un bêlement. Intrigué, M. Russo quitte le sous-sol.

— Il y a quelque chose qui ne marche pas avec ce sortilège, remarque Alex. Ou alors je me suis trompée…

Elle réfléchit un instant.

— Non, impossible : je ne fais *jamais*

d'erreur, reprend-elle. Ce doit être la faute de ce sortilège.

Elle décide d'y repenser plus tard car elle a d'autres préoccupations en tête pour l'instant. Elle ouvre son ordinateur magique. Cet objet ressemble à une vieille machine à écrire, avec un écran moderne, sur lequel apparaît l'inscription « WIZ OS 800 », un système réservé aux sorciers.

— Qu'est-ce que tu fais sur cet ordinateur ? demande Max.

— Tu es censée faire tes devoirs, ajoute Justin, comme nous.

— J'ai des courses à faire, réplique Alex. J'aime être belle quand je travaille.

Une publicité apparaît sur l'écran : « Les chaussures à talons aiguilles magiques de la Sorcière McCann. »

— Oh ! C'est là qu'on trouve les meilleurs talons aiguilles au monde ! s'exclame la jeune fille. Impossible de trébucher ou de se tordre la cheville quand on les porte, quelle que soit leur hauteur. Il faut absolument que je les essaie.

Elle appuie sur une touche de son clavier et, soudain, la boutique de chaussures surgit devant elle, au beau milieu du sous-sol !

Ses frères sont plutôt surpris de voir tous ces rayons de chaussures et la vendeuse qui est apparue elle aussi. Mais Alex n'est pas tellement impressionnée.

— Humm, ces chaussures étaient plus jolies sur l'écran, dit-elle.

Elle clique sur une touche et la boutique disparaît aussitôt. Elle recommence à surfer sur l'Internet des sorciers.

— Oh, regardez, voilà quelque chose pour Justin ! s'exclame-t-elle.

Cette fois, elle est sur un site de « Dragons domestiques et petites bêtes ». Elle appuie sur une autre touche : un vendeur surgit devant eux. À côté de lui, il y a une large table recouverte de petits animaux ailés.

Alex se rapproche du vendeur.

— Tu as vu, Justin ? Il y a même des minidragons.

Mais le jeune homme n'a pas l'air intéressé du tout.

— Je sors d'ici, annonce-t-il. Je n'ai pas envie d'être mêlé à tout…

Soudain, un adorable petit chien attire son attention.

— Oh ! C'est le chien le plus mignon que j'aie jamais vu ! s'exclame-t-il en le caressant.

— Il est non seulement mignon, mais c'est aussi un dragon, lui dit le vendeur. Oui, une créature mythique croisée avec un chien ! ajoute-t-il d'une voix puissante, en agitant les mains d'un air théâtral. Bon, dites-moi, ajoute-t-il d'un ton sérieux en se tournant vers Alex, combien est-ce que vous en voulez ?

— On regarde, c'est tout, répond la jeune fille.

— Je n'ai rien compris, dit Max. C'est

un chien ou un dragon magique ?

— C'est un dragon qui ressemble à un chien, pour qu'il puisse vivre dans le monde réel, explique le vendeur à toute allure.

— Je vois, dit Justin. Mais on ne peut pas avoir un animal comme lui à la maison. Maman aurait trop peur !

— Il a pourtant l'air gentil, dit Alex, en admirant la créature. Ça ne doit pas être un très bon chien de garde.

Mais l'animal la contredit en aboyant si fort qu'il en crache une boule de feu !

— C'est trop génial ! s'écrie Max.

— Je l'aime bien, déclare sa sœur. Il est vif.

— Tu parles, tout ça n'a rien d'extraordinaire, marmonne Justin.

— Je vais te dire ce qu'il a d'extraordinaire, répond le vendeur. Ce chien-dragon vaut cinq millions de cubicks. Mais je peux vous faire une réduction de vingt pour cent !

— Il faut absolument que tu l'achètes ! s'exclame Alex, qui ne manque jamais une bonne affaire. Il est en solde !

Mais Justin devient tout à coup très sombre.

— Je ne veux pas d'un autre chien. Pas après ce qui est arrivé à Willie.

Max regarde son grand frère.

— Qui est Willie ?

Justin ne sait pas trop comment en parler au petit garçon.

— Euh… c'est le chien qu'on avait quand tu étais bébé.

— Oh non, le voilà qui se met à pleurer, dit Alex en se moquant de son frère.

La jeune fille n'est pas aussi sensible que lui, mais elle se sent quand même un peu triste en repensant à Willie.

Justin ignore la remarque de sa sœur et sort quelques photos de son portefeuille.

— Voilà Willie, explique-t-il à Max. Quand j'avais sept ans, il est… euh... il s'est perdu et on ne l'a jamais retrouvé.

J'ai juré que plus jamais je n'aimerais un autre chien, ajoute-t-il en étouffant un sanglot. Il faut que j'y aille… ajoute-t-il en s'enfuyant vers la porte.

— Je vais l'acheter, annonce Alex au vendeur. Ça fera trop plaisir à Justin.

— Mais il vient de dire qu'il ne voulait pas un autre chien, proteste Max.

— Fais-moi confiance. Justin a *envie* d'avoir un chien.

— Oui, fais-lui confiance, répète le vendeur.

— Voilà l'équivalent de quatre millions de cubicks en dollars, dit Alex en lui tendant la somme en liquide, j'ai déduit les vingt pour cent de remise.

La jeune fille économise toujours son argent de poche.

Le vendeur lui sourit d'un air malicieux.

— Votre garantie de quarante-cinq secondes est terminée ! annonce-t-il avant de disparaître avec sa boutique.

Il a laissé derrière lui le nouvel animal de compagnie de la famille Russo.

— Très bien, dit Alex en s'agenouillant près du chien. Allons chercher un joli petit manteau pour ce joli petit chien.

Elle lui tapote la tête, puis va s'installer de nouveau devant son ordinateur. Elle n'a pas terminé ses courses !

— Viens, l'appelle Max, viens, petit chien !

Mais l'animal n'a pas envie de jouer avec lui. Il se dirige vers Alex et aboie une boule de feu qui brûle le coin d'un de ses cahiers.

La jeune fille lève les yeux, choquée.

— Mon chien a mis le feu à mes affaires… s'étonne-t-elle en allant chercher l'extincteur. C'est une première !

Un peu plus tard, Alex décide d'emmener son chien en promenade. À son retour, elle ouvre lentement la porte de l'appartement. Elle veut faire une surprise à Justin : elle sait qu'il va être très content de voir son nouveau chien, mais elle n'a pas envie que leurs parents soient les premiers à le découvrir.

Elle aperçoit son frère dans le salon, et elle ouvre un peu plus grand la porte.

— Justin, annonce-t-elle, tu vas adorer ça. Ferme les yeux !

Le jeune homme regarde sa sœur d'un air curieux.

— D'accord, dit-il d'un ton hésitant. Mais pas question que je goûte à quoi que ce soit.

Alex fait entrer le chien dans le salon.

— Et voilà ! annonce-t-elle.

Justin rouvre grand les yeux face à la petite créature.

— Qu'est-ce que ce chien fabrique ici ? Je ne veux pas d'un autre animal, je te l'ai pourtant dit !

— Et moi, je te dis que tu as envie d'un animal. Le vendeur était aussi de mon avis, répond calmement Alex.

— Évidemment, c'est un vendeur ! réplique Justin. Et puis, qu'est-ce qu'on va raconter à papa et maman ?

— Ils n'ont pas besoin de savoir que c'est un dragon, explique la jeune fille. Je vais simplement leur dire que j'ai trouvé ce chien. Parce que c'est un chien, et qu'il a l'apparence d'un chien… qui crache du feu.

— Je te remercie, mais franchement, je ne peux pas accepter… ajoute-t-il, prêt à pleurer de nouveau.

Voyant à quel point son frère est sensible, Alex décide finalement de lui avouer la vérité.

— Écoute, je sais que la perte de Willie t'a brisé le cœur. Mais… il ne s'est pas enfui… Il est sorti, dit-elle lentement. En fait… je l'ai plus ou moins *laissé* sortir.

Justin n'en croit pas ses oreilles.

— C'était toi ? Papa et maman m'ont dit que c'était le livreur de pizza ! À cause de ça, cela fait au moins huit ans que je ne mange plus de pizza !

Alex pousse un profond soupir. Elle a gardé ce secret très longtemps et ça lui fait du bien de l'avoir enfin avoué à son frère.

— Ne te fâche pas. J'avais cinq ans. Je voulais emmener Willie se promener et il est parti en courant.

« On dirait qu'elle a envie de s'excuser, pense Justin. Et ce n'est pas le genre de ma sœur. D'habitude, elle ne veut jamais admettre qu'elle a eu tort. »

— Tu veux dire que tu te sens… coupable ? lui demande-t-il.

— C'est rare, dit-elle. Mais cette fois, oui.

— Très bien, j'accepte tes excuses, dit-il, même s'il sait que sa sœur ne s'est pas totalement excusée…

Puis il se tourne vers le chien. *Son* chien. Et il le regarde différemment.

— Salut, mon grand, dit-il en le caressant. Bon chien, ajoute-t-il en souriant. Tu aimes ta nouvelle maison ? demande-t-il en prenant la tête de l'animal entre ses mains pour qu'il fasse oui. Il m'a répondu ! s'exclame-t-il, tout heureux. Merci, Alex, il est vraiment génial.

Au même moment, M. et Mme Russo entrent dans l'appartement.

Jerry Russo aperçoit le chien et s'arrête net.

— Qu'est-ce que c'est que ça ?

— Un chien. Juste un chien, répond Justin, un peu embarrassé.

Il n'a pas envie de révéler que c'est aussi un dragon !

— Ça se voit, dit Mme Russo. Qu'est-ce qu'il fait ici ?

Alex intervient très vite.

— Je l'ai trouvé dans la rue, tout seul. Il cherchait une maison, explique-t-elle en souriant.

— C'est le destin qui nous l'amène, ajoute Justin. Il faut qu'on le garde.

M. Russo s'agenouille près de l'animal et se met à le caresser.

— Salut, mon grand. Comment ça va ? Bon chien. Allez, dis-moi quelque chose!

Soudain, Max arrive en courant et lance au chien :

— Non ! Tais-toi ! Chut ! Ne parle surtout pas !

Il a peur que le chien crache une boule de feu.

— Pourquoi pas ? s'étonne Theresa Russo.

— Parce que s'il aboie…

Max se tait en voyant les regards inquiets de son frère et de sa sœur.

— Pour rien, reprend-il. Je ne veux pas qu'il fasse trop de bruit, c'est tout, explique maladroitement le petit garçon.

M. Russo regarde le chien en souriant. Il a plutôt envie de le garder. Mais d'abord, il faut convaincre sa femme…

— Je crois qu'on devrait l'adopter, Theresa…

— Oh non, on ne peut pas garder un chien perdu, proteste-t-elle. Je suis sûre que son maître le cherche.

— Tu as raison, maman, intervient Alex. On devrait mettre des affiches dans la rue pour retrouver son propriétaire.

— Tu crois ? Il est tellement mignon ! s'exclame M. Russo. Je ne te savais pas aussi raisonnable, Alex.

Ça ne ressemble en effet pas à sa fille. Mais il ne se doute pas qu'elle a un plan.

— On le gardera si personne ne vient le chercher, annonce-t-elle d'un ton convaincant.

« Pas de risque, pense-t-elle. Personne ne viendra le récupérer, puisque c'est moi qui l'ai acheté ! »

— C'est une attitude très responsable, Alex, lui dit sa mère, étonnée. Je suis fière de toi.

Mais Justin n'est pas de cet avis.

— C'est donc ça, ton plan ? chuchote-t-il à l'oreille de sa sœur. Jouer avec mon petit cœur fragile et puis le briser. Qu'est-ce qui va se passer si le propriétaire du chien veut le récupérer ?

— Personne ne va le réclamer, puisqu'il n'est pas perdu, et ça n'est *pas* un chien, chuchote-t-elle à son tour. Moi qui te croyais intelligent... ajoute-t-elle d'un ton sarcastique.

— Tu as raison, reconnaît Justin. Désolé, j'ai un peu paniqué.

M. Russo est déjà sous le charme du petit animal.

— Puisqu'il est là pour l'instant, autant lui trouver un nom ! suggère-t-il. Je sais ! Rex. Non, Snoopy lui ira mieux ! s'exclame-t-il. Non, attendez, j'ai une autre idée…

Mais Mme Russo le coupe.

— Je crois qu'on devrait l'appeler Dragon.

Alex, Justin et Max échangent des regards inquiets. Est-ce que leur mère a compris que le chien était un dragon ? Ils vont avoir de gros ennuis…

— Pourquoi ? se dépêche de demander Justin.

— Oui, pourquoi ? répète Alex avec un petit rire nerveux.

— Parce que c'est un dragon, répond Theresa Russo.

Le frère et la sœur se regardent, affolés. Puis ils se tournent vers Max.

C'est sûrement lui qui a tout avoué à leurs parents.

— Je n'ai rien dit, c'est juré, proteste le petit garçon à voix basse.

— Regardez, son nom est inscrit sur son collier. Dragon.

Les trois enfants Russo soupirent de soulagement. Ils ont bien failli se faire avoir !

— C'est vrai, il s'appelle Dragon, dit Justin.

— Oh, j'adore ce nom ! s'exclame Alex d'une voix un peu trop forte. Bien vu, maman ! Allez, parlons d'autre chose maintenant, ajoute-t-elle gênée, en réalisant que leur nouveau chien va peut-être leur créer beaucoup d'autres ennuis…

Alex descend la rue et commence à punaiser des affiches un peu partout. Elle veut faire croire qu'elle essaie de retrouver le propriétaire du chien, sinon, ses parents se douteront sûrement de quelque chose. Elle décide d'aller demander au vendeur de journaux si elle peut en mettre une dans son kiosque. Plus il y aura d'affiches, plus ses parents seront convaincus qu'elle ne leur a pas menti !

— Salut, Charlie, dit-elle au vendeur caché derrière le journal qu'il est en train de lire. Est-ce que je peux punaiser cet avis de recherche sur ton kiosque ?

En fait, ça n'est pas Charlie, mais un petit garçon qui s'appelle Frankie.

— Qu'est-ce que je gagne, si j'accepte ? lui demande-t-il en posant son journal.

— Où est Charlie ?

— Il est allé à la banque, chercher les bonbons qu'il me doit. Et par bonbons, j'entends « argent », ajoute le garçon.

— J'avais compris, merci, répond la jeune fille. Bon, est-ce que je peux accrocher une de mes affiches ? En échange, tu auras droit à un excellent sandwich gratuit.

— Un sandwich et un baiser, d'accord ? demande Frankie en se penchant vers Alex.

Celle-ci lève les yeux au ciel.

— Que dirais-tu d'un sandwich et d'un bol de soupe, pour que tu grandisses un peu ?

— D'accord, mais à condition d'ajouter un petit baiser, continue l'enfant.

— Pas question, répond Alex d'un ton ferme, tout en punaisant une affiche sur le kiosque.

— Tu changeras d'avis un de ces jours, comme toutes les autres, lui dit Frankie.

— Eh bien, je ne connais pas « toutes les autres », mais je n'en fais pas partie, réplique la jeune fille.

Elle s'éloigne et rentre chez elle.

Quelques instants plus tard, Justin et Max s'arrêtent devant le kiosque à journaux. Ils sont sortis promener Dragon.

— Il est exactement comme Willie, dit Justin. Il aime les gâteaux pour chien, les jouets en plastique pour chien et l'eau de toilette pour chien ! ajoute-t-il en souriant à Dragon. Je vais te prendre en photo, mon grand. Assis !

L'animal obéit.

— Je pourrai l'ajouter à l'album photo

que j'ai commencé, explique le jeune homme.

— Mignon, ce chien, fait remarquer Frankie. Comment est-ce qu'il s'appelle ?

Max se tourne vers lui.

— Dragon, répond-il. Pas… pas parce que c'est un dragon. Non, les dragons, ça n'existe pas, ajoute-t-il avec nervosité.

« Je devrais vraiment arrêter de parler, pense-t-il. J'en ai déjà trop dit. »

— Il rapporte les objets qu'on lui lance ? demande Frankie.

— Non, il ne fait pas ça, répond Justin.

Frankie prend une balle dans sa poche et lève le bras, prêt à la lancer.

— Il vaut mieux que tu ne fasses pas ça… commence Justin.

Trop tard, Frankie jette la balle en hurlant :

— Va chercher, Dragon !

Aussitôt, le chien ouvre ses ailes, s'envole, puis revient avec la balle quelques secondes plus tard.

— Il a des ailes ? demande Frankie, qui n'en revient pas.

— Tu as de bons yeux, Frankie, répond Max sur un ton moqueur. En effet, c'est un chien avec des ailes.

— Oui, c'est un chien extraordinaire, ajoute Justin. Ça arrive, voilà tout.

Frankie examine la balle que Dragon a rapportée.

— Pourquoi est-ce qu'elle est brûlée ?

— Elle n'est... pas brûlée, bredouille le jeune homme. C'est comme du pain grillé, tu essuies la partie noircie et elle sera comme neuve ! Tu vois ?

Mais Frankie n'est pas convaincu par les explications de Justin.

— Il se passe des choses vraiment bizarres, dans cette rue... dit le petit garçon.

Justin et Max en profitent pour rentrer à la maison. Une fois arrivés, ils emmènent le chien sur la terrasse. Ils savent qu'il va falloir entraîner Dragon à se comporter comme un chien normal !

— On a bien failli avoir des ennuis, déclare Justin. Il faut qu'on dresse ce chien. Oh, regarde ce chat ! s'écrie-t-il en s'adressant à Dragon. Attrape-le !

Il n'y a pas de chat en vue, mais le jeune homme veut vérifier si le chien est capable d'obéir à ses ordres.

Dragon part en courant dans la direction indiquée par Justin.

— Waouh, il t'a obéi ! s'exclame Max. Mais c'est encore plus génial quand il vole...

— Chut ! lui dit son grand frère, ne prononce pas ce mot devant le chien !

— Quel mot ?

— V-O-L-E, épelle Justin.

— V-O-L-E ? répète Max, qui n'a pas compris. Ah, vole ! s'écrie-t-il.

Aussitôt, le chien ouvre ses ailes et s'envole au-dessus des deux frères. Au même moment, Mme Russo sort sur la terrasse pour arroser les plantes.

— Il fait si chaud aujourd'hui, dit-elle, sans se rendre compte que le chien vole juste au-dessus d'elle.

— Vole ! Vole ! répète Justin, en espérant que le chien ne va pas atterrir.

— Qu'est-ce que tu racontes ? s'étonne Theresa Russo.

— Oh, rien... je disais juste qu'il y a des tas d'insectes qui volent, répond Justin d'une voix nerveuse.

— Où ça ? demande sa mère en levant les yeux.

— Non, pas là-haut, riposte très vite Justin. Je voulais dire, des fourmis...

Justin sait qu'il doit se débarrasser de sa mère avant qu'elle repère Dragon.

— Je déteste les fourmis ! s'exclame-t-elle en baissant les yeux.

— Il y en a plein la terrasse ! ajoute le jeune homme. Tu devrais aller chercher le produit répulsif...

— Bonne idée, répond Mme Russo en rentrant dans l'appartement.

Justin pousse un soupir de soulagement. Avoir un chien-dragon n'est pas de tout repos !

4

Le lendemain après-midi, les trois enfants Russo rentrent de l'école.

— Allez, dépêchez-vous, dit Justin à Max et Alex. Il faut qu'on vérifie si Dragon va bien.

Ils ont prévu de s'arrêter au restaurant pour dire bonjour à leurs parents, puis de filer à l'étage. Ils sont impatients de voir comment s'est passée la journée de leur chien.

— C'est la première fois qu'on le laisse tout seul, dit Alex avec inquiétude.

Elle marche très vite, en espérant que Dragon s'est comporté comme un chien normal et qu'il n'a pas essayé de voler !

— Je suis sûr qu'il va bien, répond Max calmement. Et si quelqu'un l'embête, il lui suffit de cracher du feu ! ajoute-t-il avec un grand sourire.

Alex et Justin échangent un regard. C'est exactement ce que Dragon ne doit pas faire !

— Oui, c'est justement pour ça qu'on est inquiets, explique la jeune fille.

Les trois enfants Russo arrivent enfin au restaurant. Justin se précipite dans la salle.

— Salut ! lance-t-il à ses parents. Je vais voir Dragon ! ajoute-t-il en se dirigeant directement vers les escaliers qui mènent à l'appartement.

— Justin, attends ! l'appelle Mme Russo.

— Justin ! crie M. Russo.

Mais le jeune homme a déjà disparu.

— Je vais aller lui dire, annonce Jerry Russo à sa femme.

Il baisse tristement les yeux.

— Qu'est-ce qui ne va pas ? demande Alex.

— Eh bien... ces affiches que tu as punaisées un peu partout ont fonctionné, explique son père. Le propriétaire de Dragon est venu le chercher pendant que vous étiez à l'école.

— Quel propriétaire ? s'exclame la jeune fille.

« C'est impossible, pense-t-elle. J'ai *acheté* ce chien ! »

Au même instant, Justin revient dans la salle.

— Où est Dragon ? Je l'ai cherché partout et je ne le trouve pas.

Mme Russo hésite avant d'annoncer la nouvelle à son fils. Elle sait à quel point il a été malheureux quand Willie a disparu.

— Heu… son maître est venu le récupérer, dit-elle, mal à l'aise.

— Son maître ? s'étonne Justin, qui ne comprend plus rien.

Theresa Russo pousse un soupir. Elle ne sait pas quoi dire.

— Je suis désolée, mon grand. Je sais que tu l'aimais beaucoup.

— Il est... parti ? dit le jeune homme d'une voix triste et un peu tremblante.

Mais Alex se sent encore plus mal que lui. Après tout, c'est elle qui a persuadé Justin de garder ce chien. Et c'est elle qui a eu l'idée de placer des affiches dans la rue.

« Tout est de ma faute… » pense-t-elle.

— Je suis vraiment désolée, Justin, lui dit-elle avec sincérité.

— Merci, répond son frère. Voilà pourquoi je ne voulais pas prendre un autre chien. Encore une fois, c'est de ta faute, ajoute-t-il en repartant vers l'appartement.

La jeune fille soupire. Son frère a raison. Elle décide d'aller faire un tour dehors : elle a besoin de prendre l'air et de réfléchir.

Une fois dans la rue, Alex se dit qu'elle devrait peut-être s'occuper des affiches qu'elle a punaisées. Elle se dirige vers chacune d'elles et barre le mot « trouvé », pour le remplacer par « perdu ». Tout à coup, elle aperçoit Frankie.

— Tu as perdu le chien que tu avais trouvé ? demande le petit garçon.

— Oui, quelqu'un est venu récupérer Dragon. Je ne sais pas qui c'est, mais ça ne peut pas être son vrai propriétaire.

— C'est bizarre, parce qu'il avait l'air d'adorer les chiens, dit Frankie.

— Tu l'as vu ? Est-ce que tu le connais ?

— Quand le propriétaire de Dragon est sorti de chez toi, il est venu au kiosque et a laissé ça, explique-t-il en indiquant une pile de brochures. C'est la présentation d'un concours canin.

— Le Défilé de Hudson, lit Alex. Quand est-ce qu'il a lieu ?

— Tu devrais en acheter un pour le savoir, suggère Frankie.

— Je suis obligée de *l'acheter* ?

— Bien sûr. Quand je viens dans ton restaurant, est-ce que je pars sans payer ? réplique le garçon. Ça fera huit dollars, s'il te plaît.

— D'accord, répond Alex en prenant une brochure.

Elle tend l'argent à Frankie et aperçoit aussitôt la date et le lieu du concours sur la première page.

— C'est aujourd'hui ! s'écrie-t-elle en reprenant son argent. Pas la peine que je l'achète.

Mais elle a besoin d'un plan, et vite !

5

Un peu plus tard, Max et Justin descendent dans la salle du restaurant pour aider leurs parents. Mais le jeune homme a du mal à se concentrer : il n'arrête pas de penser à Dragon. Il est occupé à regarder la photo de son chien et ne voit même pas le client qui attend devant le bar. L'homme finit par se faire remarquer en appelant Justin.

Le jeune homme sursaute et réalise

qu'il doit s'occuper d'un client.

— Bonjour. Est-ce que je peux vous être utile ? demande-t-il au client.

— J'aimerais commander une côte de *chien* ?

— Pardon ? Vous avez dit « chien » ? s'étonne le jeune homme.

— Pas du tout, répond l'homme, surpris. Je voudrais une côte de bœuf.

— Oh, dit Justin d'un air triste.

Il a vraiment cru que le client a parlé de « chien ». Il se tourne vers Max.

— Tout me rappelle Dragon, vraiment tout ! dit-il à son petit frère.

Perdu dans ses pensées, il se rend soudain compte que le client attend toujours sa commande. Embarrassé, il dit très vite :

— Une côte de bœuf, tout de suite !

M. Russo, qui sert d'autres clients, s'approche du bar.

— Max, est-ce que tu peux aller me chercher d'autres *chiots* ?

Justin n'en croit pas ses oreilles.

— Des *chiots* ? s'exclame-t-il.

— Mais non, des tasses, répond Jerry Russo.

— Oh… dit Justin, qui a l'impression de devenir fou.

Son père regarde Max d'un air intrigué.

— Il n'arrête pas de penser à Dragon, soupire le petit garçon.

Son grand frère soupire à son tour. Il ne sait pas comment faire. Dragon lui manque tellement…

Au même moment, Alex arrive en courant dans le restaurant. Elle a l'air tout excitée.

— Justin et Max, dit-elle, suivez-moi. On va récupérer Dragon.

Le jeune homme n'en revient pas ! Quelle bonne nouvelle ! Il enlève son tablier et lance à son père :

— Papa, on fait une petite pause !

— Allez, dépêchez-vous, tous les

deux ! s'écrie Alex qui est déjà dehors. Les deux frères la suivent en courant. Ils ne savent pas du tout où elle les emmène, mais une chose est sûre : ils ne reviendront pas sans leur chien !

Ils arrivent finalement à destination : le concours canin de Hudson ! Alex est persuadée que Dragon se trouve ici. Tandis qu'ils s'approchent de l'entrée, elle pousse un soupir de soulagement.

— Trois tickets pour le défilé, s'il vous plaît, demande-t-elle au guichet.

Mais c'est une femme responsable de la sécurité qui lui répond :

— Impossible, tous les tickets ont été vendus.

— Quoi ? s'exclame Alex d'une voix incrédule.

Elle n'a pas imaginé un seul instant que le défilé pouvait être complet.

— Apparemment, des tas de gens adorent regarder des chiens marcher sur de l'herbe en plastique, répond la femme en bâillant. Vous ne pouvez pas entrer sans chien.

Puis elle lance un ordre dans son talkie-walkie :

— Une grande frite. Terminé.

Elle est plus intéressée par son repas que par eux. Alex comprend qu'elle ne les laissera pas entrer. Le règlement, c'est le règlement.

Malgré tout, Justin ne paraît pas inquiet. Il connaît sa sœur : elle est capable de se sortir de n'importe quelle situation !

— Alex va réussir à nous faire entrer, annonce-t-il à Max d'un ton confiant. Notre sœur est un génie.

— Je comprends parfaitement, dit la jeune fille en s'adressant à la garde, avant de se tourner vers ses frères. On laisse tomber, leur dit-elle, c'est pas grave.

— Quoi ? s'écrie Justin, qui ne peut pas croire que sa sœur est prête à abandonner aussi facilement.

« Ça ne lui ressemble pas ! » pense-t-il.

— On ne va pas récupérer mon chien ? demande-t-il, exaspéré.

— Évidemment, qu'on va récupérer ton chien ! répond Alex. Mais d'abord… on a besoin de trouver un autre chien, explique-t-elle lentement.

Max regarde sa sœur. Il sait qu'elle a une idée…

— Où est-ce qu'on va trouver un chien sans propriétaire ? demande-t-il.

Mais Alex ne répond pas et met son plan à exécution. Elle se souvient du sortilège dont elle s'est servie pour transformer son père en chèvre… et elle décide de l'utiliser pour transformer Max en chien. Quelques secondes plus tard, le petit garçon est devenu un teckel !

— Ça a marché, annonce fièrement la jeune fille. Maintenant, on peut aller voir le défilé.

Une fois à l'intérieur, Justin lui dit :

— Tu peux redonner une forme humaine à Max, non ?

— D'accord, répond Alex. *Huminoza-espinoza !* chantonne-t-elle.

Aussitôt, Max réapparaît et se redresse très vite. Il a l'air normal mais il se comporte bizarrement.

— Ça fait tout drôle, d'être un chien, dit-il. On n'a envie que d'une chose : jouer avec tout et n'importe quoi, ajoute-t-il en se grattant derrière l'oreille à la manière d'un chien.

Alex est un peu inquiète.

— J'ai l'impression que ce sortilège ne fonctionne pas très bien, avoue-t-elle.

— Pourquoi est-ce que tu dis ça ? demande Max en reniflant le sol.

Il aperçoit un jouet en plastique et court le chercher. Au grand étonnement de son frère et de sa sœur, il attrape le jouet entre ses dents et se met à secouer la tête dans tous les sens !

« C'est pas vrai ! pense Alex. Je n'aurais

peut-être pas dû me servir de ce sortilège sur mon petit frère… » Soudain, elle voit quelque chose qui attire son attention.

— Regardez ! s'écrie-t-elle, tout excitée. Le voilà !

Elle vient de repérer Dragon. Elle est tellement soulagée. Après tout, elle n'était pas certaine de le trouver dans cet endroit.

— Dragon ? demande Justin, au bord des larmes.

— Et le *vendeur* de dragons ! remarque Alex, qui vient juste de le voir. C'est lui qui est venu rechercher notre chien, j'en suis sûre, ajoute-t-elle, soudain très en colère.

Elle sait exactement ce qui lui reste à faire.

— Suivez-moi, dit-elle à ses frères.

La jeune fille se dirige vers le vendeur et se place face à lui.

— Espèce de voleur ! s'écrie-t-elle d'un ton accusateur. Vous nous avez vendu ce chien et vous êtes venu le récupérer !

— C'est la vie, les enfants, répond le vendeur d'un ton détaché.

— Rendez-nous notre chien, lui ordonne Alex.

— Écoutez, les enfants. Vous avez voulu jouer et vous vous êtes fait avoir. Rentrez chez vous. Que cette histoire vous serve de leçon ! Ne me remerciez pas, surtout, ajoute-t-il avec un sourire de mépris.

— Pas question, affirme Justin. Nous ne repartons pas sans Dragon.

— C'est ce que tu crois, répond le vendeur.

Il claque des doigts et le chien disparaît sous leurs yeux !

— Regardez ! Il est parti.

Mais Max sait que ça n'est pas vrai. Même s'il a retrouvé sa forme humaine, il a gardé l'instinct d'un chien.

— Oh, il n'est pas parti, dit-il en reniflant. Il est encore là, je le sens.

Il regarde autour de lui. Il y a des

chiens partout ! Ça ne va pas être facile de retrouver Dragon…

Alex a une idée. Puisque Max a l'odorat d'un chien, il va être capable de reconnaître son odeur parmi tous les autres animaux !

— Max va aller sentir les chiens et le retrouvera ! annonce-t-elle.

— Il n'a peut-être plus la forme d'un chien, répond le vendeur. J'ai transformé ce dragon en chien, je peux le transformer en n'importe quoi d'autre ! dit-il en riant.

— Max, est-ce que tu peux retrouver Dragon ? demande Alex en se penchant vers lui.

— Je veux bien essayer, répond le petit garçon.

Il se met à renifler dans tous les coins de la salle, un chien après l'autre.

— Non, c'est pas lui. Ni celui-ci… ajoute-t-il en s'approchant de l'employée de la sécurité qu'ils ont rencontrée à l'entrée du défilé.

Il la renifle elle aussi...

— Qu'est-ce que tu fabriques ? demande-t-elle à Max. Bob, dit-elle en parlant dans son talkie-walkie, viens me donner un coup de main, j'ai trouvé un renifleur.

Quelques minutes plus tard, un autre agent force le petit garçon à quitter la salle.

Désespérée, Alex le regarde s'éloigner. Elle sent sa colère monter. Pourquoi est-ce que son plan n'a pas marché ?

— Super, déclare-t-elle. Comment est-ce qu'on va retrouver Dragon, maintenant ?

Justin et Alex essaient de réfléchir à un nouveau plan. Soudain, le jeune homme sourit.

— Oh, je sais ! s'exclame-t-il. Les dragons ne courent pas après les chats.

Alex comprend aussitôt ce que son frère a en tête.

— Si on lâche un chat dans la salle, tous les chiens se mettront à lui courir après, sauf Dragon !

C'est un bon plan. Non. C'est un plan *excellent* !

— Je m'en charge. Je vais me transformer en chat, dit-elle, tout excitée.

— Mais ton sortilège ne marche pas bien, tu le sais, lui dit son frère.

— Tu as une meilleure idée ? demande-t-elle d'un ton moqueur. Je ne crois pas... *Animoza-espinoza !* lance-t-elle aussitôt.

Soudain, Alex disparaît. À sa place, Justin voit un adorable chat... mais ça ne dure que quelques secondes : tout à coup, le petit animal se change en énorme tigre !

— Est-ce que ça me va bien ? demande Alex en tournant autour de lui. Je suis mignonne, pas vrai ?

Elle ne se rend pas compte qu'elle n'est plus un chat ! En revanche, la foule a remarqué le tigre...

— Un tigre ! hurle quelqu'un en s'enfuyant de la salle.

— Est-ce que c'est un... vrai tigre ?

demande une femme en poussant un cri.

Et soudain, c'est l'affolement général !

— Euh... je crois que le sortilège n'est pas encore au point, dit Justin à sa sœur.

— Oh non ! Il faut vraiment que je l'étudie mieux.

Au même moment, l'employée de la sécurité s'approche d'eux. Elle tient Max sous son bras.

— Bob, dit-elle dans son talkie-walkie, apporte le piège à chat. Et mes frites, avec du ketchup, ajoute-t-elle.

Apparemment, même la présence d'un tigre ne suffit pas à lui faire oublier son repas !

Une minute plus tard, un nouvel agent arrive vers eux et tend un sac en papier à la femme. Mais dès qu'il aperçoit le tigre, il s'enfuit à toute allure.

— Bob ! appelle l'employée de la sécurité en reposant Max près de son frère et de sa sœur. Tu as oublié le ketchup ! dit-elle en s'éloignant pour le rattraper.

Tout à coup, Alex, Justin et Max aperçoivent un petit chien qui porte un collier qu'ils connaissent bien. L'animal court vers le jeune homme et bondit dans ses bras.

— Dragon ! s'écrie Justin avec bonheur. Mon chien…

Mais leurs retrouvailles sont de courte durée. Le vendeur de dragons s'approche d'eux, une cage à la main. Il la pose par terre, à côté d'une autre cage avec un chien, et l'ouvre pour y faire entrer Dragon.

— Vous avez retrouvé mon chien, bravo, leur dit-il. Allez, entre, dit-il à Dragon.

Le chien obéit.

Alex, qui n'a pas changé de forme, pousse un énorme rugissement, en espérant que le vendeur prendra peur. Justin et Max jouent le jeu et font semblant d'être terrifiés.

— Au secours ! s'écrie Justin d'une voix perçante.

— Je sais que c'est toi, dit le vendeur à Alex.

— Bon, au moins, j'aurai essayé, répond Alex, avant de se remettre à chantonner. *Huminoza-espinoza…*

La jeune fille réapparaît immédiatement, mais elle se met à se lécher les bras, à la manière d'un chat. Décidément, ce sortilège est un désastre !

Justin en a vraiment assez. Aucun de leurs plans ne fonctionne. Il veut juste récupérer son chien.

— J'aimerais bien rester un peu pour bavarder, leur dit le vendeur, mais j'ai un chien à vendre.

Heureusement, Alex a plus d'un tour dans son sac.

— Pas si vite, lui dit-elle. Écoutez, vous aviez raison : tout ça nous a servi de leçon. On ne vous en veut pas.

— Moi, je lui en veux ! se plaint Justin.

Mais Alex ignore la remarque de son frère. Elle a une idée qui marchera, elle l'espère.

— On est juste des enfants, vous savez, et on vous remercie de votre aide. Grâce à vous, on sera plus prudents quand on achètera quelque chose sur Internet.

— Oui, répond l'homme, qui paraît très content de ce compliment, je suis un excellent professeur.

— Encore merci, ajoute Alex avec un grand sourire. Et passez une bonne journée. Mais… attendez, dit-elle en ramassant la cage qui se trouve à ses pieds, n'oubliez pas ça.

Le vendeur prend la cage qu'elle lui tend.

— J'ai pris beaucoup de plaisir à vous rouler, avoue-t-il, et c'est la première fois que je dis ça à un client, ajoute-t-il en ricanant.

Comme la première fois, un gros nuage de fumée apparaît devant eux, et le vendeur disparaît avec la cage !

— Qu'est-ce que tu as fait ? s'exclame

Justin, rouge de colère. Tu l'as laissé partir avec Dragon !

— Tu as raison, je m'excuse, dit calmement Alex.

Elle se penche pour ouvrir la seconde cage qui est restée par terre.

— Tout ce qui te reste, c'est… Dragon ! s'écrie-t-elle.

Le petit chien est tout content d'être libéré.

— Dragon ! crie le jeune homme.

Max ne comprend plus rien.

— Mais… comment est-ce que tu as fait, Alex ?

— Je lui ai tendu l'autre cage, répond la jeune fille en souriant. Comme quand je vous joue un tour avec nos déjeuners.

Alex a en effet l'habitude d'échanger son déjeuner avec ses frères quand elle n'aime pas son sandwich. Ils se sont fait avoir plus d'une fois.

— Et quel chien est-ce qu'il a emporté avec lui ? demande le petit garçon.

— Un horrible petit chien qui ressemblait à un rat, annonce fièrement Alex. Quand j'ai vu cette seconde cage, j'ai eu l'idée de lui jouer ce tour. Je suis un génie !

De retour chez eux, toute la famille s'assoit autour de Dragon pour l'admirer. Les enfants Russo ont décidé de dire la vérité à leurs parents. Quand ils ont terminé leur histoire, Justin demande :

— Alors, est-ce qu'on peut le garder ?

Il retient son souffle et attend leur réponse.

— Je ne sais pas, mon grand, dit sa mère, l'air soucieuse.

— Max le nourrira, explique Alex avec enthousiasme, et Justin lui donnera son bain et l'emmènera en promenade.

— Et toi, qu'est-ce que tu feras ? demande son frère aîné.

— J'organiserai ce que vous avez à faire, dit la jeune fille.

— Tu sais, dit M. Russo à sa femme, un animal leur apprendra à devenir plus responsables.

— Bon, c'est d'accord, finit par dire Theresa Russo.

Justin est super content !

— Viens, Dragon, on va dans ma chambre, dit-il.

Le petit chien le suit en courant dans les escaliers.

Alex sourit. Une fois de plus, elle a réussi à sauver la situation ! C'est vraiment une excellente apprentie sorcière !

Deuxième histoire :

Alex perd la tête !

1

Alex Russo descend les escaliers du collège à toute vitesse : elle vient d'apercevoir Harper Evans, sa meilleure amie. Elle est impatiente de lui apprendre la bonne nouvelle… Elle s'approche de Harper en agitant une feuille.

— Regarde ! s'écrie-t-elle d'un ton joyeux. J'ai eu un F à mon examen d'espagnol !

Harper est étonnée.

— Mais… pourquoi est-ce que tu es aussi contente ? lui demande-t-elle.

Alex sourit.

— Parce que Riley a obtenu un F, lui aussi ! Et ça veut dire qu'il s'intéresse à moi… autant que je m'intéresse à lui.

Elle pousse un soupir rêveur.

— Ça demande beaucoup d'efforts d'être mauvaise en espagnol, ajoute-t-elle d'un ton théâtral.

Encore une fois, Harper ne comprend pas bien Alex.

— Comment ça, beaucoup d'efforts ?

Alex lui lance un regard ennuyé. Parfois, sa meilleure amie a vraiment du mal à suivre ce qu'elle essaie de lui dire…

— Tous les jours, je fais exprès d'arriver en retard pour que Riley me remarque. Ensuite, j'oublie mon manuel d'espagnol, comme ça, on est obligés de partager le sien. Pour finir, on s'échange des petits mots, et je m'arrange pour que la prof s'en rende compte : on reste un peu plus longtemps ensemble à la fin du cours.

Harper hoche la tête.

— Tu dois être épuisée, après tant d'efforts.

Au même moment, Riley s'approche des deux jeunes filles.

— Salut, Alex, dit le garçon avec un air décontracté. Est-ce que tu es déjà allée au Medium Rare, le restaurant super cool ? J'y vais vendredi soir avec des amis. Ça te dit de venir avec nous ?

Alex n'a jamais entendu parler de ce restaurant, mais elle fait semblant de bien le connaître. Elle n'a pas envie que Riley pense qu'elle ne connaît pas un endroit aussi cool et branché à New York.

— Oh, bien sûr, répond-elle en souriant. J'y vais tout le temps.

— Mais… le restaurant est nouveau, fait remarquer Riley. C'est vendredi, la soirée d'ouverture.

« J'ai parlé trop vite », se dit Alex.

— Oh, Medium Rare ? s'exclame-t-elle en riant.

Elle prend un air très assuré.

— J'ai cru que tu parlais de Medium Roar, tu sais, ce resto à côté du Zoo.

Le garçon lui rend son sourire.

— OK. Alors, à vendredi soir ! lance-t-il avant de quitter les deux jeunes filles.

Dès qu'il s'est éloigné, Alex déclare :

— Tu vois le résultat ? Toutes ces heures passées à ne rien faire en espagnol servent enfin à quelque chose !

Mais Harper l'écoute à peine : elle regarde un étudiant qui s'approche.

— Oh non ! Voilà ton frère… on dirait qu'il vient dans notre direction. Il est tellement mignon ! Je ne sais jamais quoi dire quand il est là…

Alex ne comprend pas comment Harper peut s'intéresser à Justin, son grand frère. Malgré tout, elle essaie d'aider son amie.

— Euh… parle-lui des actualités, suggère-t-elle. Il adore ça.

— Salut, les filles, leur dit Justin d'un ton joyeux.

— Alex a raté son examen d'espagnol ! s'écrie aussitôt Harper.

Le jeune homme regarde sa sœur d'un air amusé.

Alex se retourne vers son amie et lui lance un coup d'œil furieux.

— Je ne parlais pas de ce *genre* d'actualités !

« Pff… génial, pense Alex. Si Justin en parle à papa et à maman, je vais être punie. » Elle sait qu'ils lui interdiront de sortir vendredi soir. Et tous les autres soirs !

Alex, Justin et leur petit frère Max sont trois apprentis sorciers ; pourtant, même s'ils possèdent des pouvoirs magiques hérités de leur père, il y a encore des choses que la jeune fille ne sait pas faire. Évidemment, elle peut se connecter à son ordinateur magique et faire apparaître une boutique devant elle, ou bien se dédoubler pour se retrouver dans deux endroits en même temps. En revanche, elle ne réussira pas à convaincre ses parents que rater un examen d'espagnol n'est pas si grave que ça. Impossible…

« J'espère que Justin saura tenir sa langue, pense Alex. Sinon, il va me falloir un plan, et vite ! »

2

En fin de journée, Alex et Justin rentrent à la maison. Leur petit frère Max et leurs parents sont dans le salon.

— Salut ! lance Alex. Devinez qui s'est fait inviter par quelqu'un aujourd'hui… Justin ou moi ?

— Sûrement pas Justin, réplique aussitôt Max.

Mais Theresa Russo regarde Alex d'un air sévère.

— J'aimerais plutôt savoir ce qui s'est passé en espagnol, dit-elle.

— Oui, ajoute Jerry Russo. Il paraît que tu as raté ton examen ?

Alex comprend que ses parents ne sont pas contents : pas besoin de pouvoirs magiques pour ça...

— C'est vrai. J'ai eu une mauvaise note. Mais je peux tout expliquer, ajoute-t-elle avant de prendre une profonde inspiration. Voilà... quand je révisais, je n'ai pas réussi à me concentrer parce que Max et Justin jouaient au paint-ball sur la terrasse, juste sous ma fenêtre. Et je n'ai pas voulu les empêcher de s'amuser.

Si Alex réussit à reporter l'attention de son père sur les bêtises de ses frères, il oubliera peut-être sa mauvaise note.

— Un jeu de paint-ball sur la terrasse ? demande M. Russo d'une voix irritée. Je vous l'ai interdit : ça abîme le mur !

Il se dirige vers les portes coulissantes qui donnent sur la terrasse.

— Non, c'est pas vrai ! s'écrie Max d'un ton désespéré. On n'a pas joué au paint-ball !

M. Russo ouvre brusquement les rideaux. Il n'en croit pas ses yeux... les vitres sont couvertes de grosses taches de peinture. Furieux, il se retourne vers ses fils.

— Écoutez-moi bien, tous les deux : vous allez me nettoyer cette terrasse, et je veux que tout brille !

— C'est comme si c'était fait, papa ! s'exclame Max, enthousiaste.

Il sait que la punition aurait pu être plus terrible que ça. Il se dépêche de quitter le salon pour aller laver la terrasse.

Cependant, Theresa Russo n'a pas oublié leur premier sujet de conversation... l'examen d'espagnol de sa fille.

— Je suis vraiment désolée. Si tu as de mauvaises notes en espagnol, c'est de ma faute, dit-elle, l'air coupable.

Alex ne sait pas très bien où sa mère veut en venir, mais elle saute sur cette occasion inespérée.

— Oui, tu as raison, c'est de ta faute, insiste la jeune fille.

« Je me débrouille vraiment très bien », pense-t-elle.

— Ah bon ? s'étonne M. Russo.

— Bien sûr, répond Mme Russo. Je suis fière d'être d'origine mexicaine, mais je n'ai jamais partagé ça avec Alex. Je devrais parler espagnol à la maison et cuisiner des tortillas ! s'exclame-t-elle.

Elle réfléchit un instant et reprend :

— Bon… les tortillas, ça demande beaucoup de travail. Commençons par l'espagnol. Je vais appeler ton professeur et lui dire que je ne t'ai pas donné le bon exemple, d'accord ?

Theresa Russo décroche le téléphone et compose le numéro.

— Bonjour, madame Chow, dit-elle d'un ton agréable.

Tandis que leur mère discute avec le professeur, Justin s'approche de sa sœur.

— Au fait, merci d'avoir parlé du paint-ball aux parents, lui dit-il, le regard noir.

— Justin… commence Alex.

Mais celui-ci n'a pas envie d'entendre les bonnes raisons que sa sœur trouvera, comme toujours, pour se justifier : il sort du salon, furieux.

Pendant ce temps, Mme Russo termine sa conversation avec le professeur d'espagnol.

— Oui, c'est très embarrassant… Merci. Je veux dire… *gracias* ! se reprend-elle en riant.

Elle raccroche le téléphone et se tourne vers Alex.

— J'ai une bonne nouvelle ! Mme Chow est d'accord pour te faire passer un examen de rattrapage ! s'exclame-t-elle avec enthousiasme.

Avant qu'Alex puisse répondre, M. Russo prend la parole :

— C'est parfait ! En revanche, tu ne sortiras pas avec tes amis tant que tu n'auras pas eu une bonne note.

— Ne t'inquiète pas, ma chérie, enchaîne Mme Russo. Je vais t'aider à progresser en *lengua española*.

— Comme tu veux, mais c'est surtout en espagnol que j'ai besoin d'aide, répond la jeune fille qui ne comprend pas un seul mot dans cette langue.

— La *lengua española* veut dire « espagnol », lui explique sa mère.

— Ah bon ? s'étonne Alex.

— Ça va être plus difficile que ce que je croyais... dit Mme Russo en poussant un soupir.

— Mais non, réplique sa fille. On va se débarrasser de ça très vite, et comme ça, je pourrai sortir avec Riley vendredi soir !

M. Russo a l'air sceptique.

— Hors de question, dit-il. Tu vas faire de ton mieux... ensuite, on verra.

Un peu plus tard, Alex, Max et Justin Russo vont dans le sous-sol pour suivre le cours de magie de leur père, comme tous les mardis et les jeudis après l'école. C'est un endroit rempli de gadgets amusants et de livres de sortilèges. Quand ils sont dans cet endroit, tout leur semble possible !

Mais aujourd'hui, ils sont obligés de rester assis en attendant que leur père explique la leçon. Parfois, la magie ressemble à n'importe quel autre cours… et peut même être très ennuyeuse.

— Pour finir, dit M. Russo, savez-vous que dans le monde magique, il y a un endroit où on peut facilement trouver des informations sur n'importe quel sujet ?

— Tu veux dire… comme Internet ? propose Justin.

Max profite de cette occasion pour poser une question qu'il répète souvent à ses parents :

— En parlant d'Internet, quand est-ce que j'aurai un ordinateur dans ma chambre ?

Jerry Russo répond à Justin en soupirant :

— C'est encore plus cool qu'Internet, précise-t-il, avant de se tourner vers Max. Un ordinateur dans ta chambre ? Jamais.

Max se met à bouder, mais il oublie très vite l'ordinateur qu'il n'aura jamais pour s'intéresser à ce que leur père explique avec enthousiasme.

— Venez par ici ! dit Jerry Russo en faisant signe à ses enfants de le suivre jusqu'à l'un des murs du sous-sol. Ce mur est aussi un portail magique. Regardez bien ! s'exclame-t-il. En poussant cette manette, je vais faire apparaître un elfe de poche qui possède des connaissances sur n'importe quel sujet.

Il enfile un gant de catcheur et pousse la manette. Tout à coup, une petite boîte en forme d'œuf jaillit du mur ! Jerry Russo l'attrape habilement à l'aide de son gant.

— Waouh ! s'écrie Max, incrédule.

Son père se retourne fièrement vers eux, la petite boîte à la main.

— Le meilleur moyen d'en apprendre davantage sur les elfes de poche, c'est d'écouter un elfe de poche en parler, dit-il à ses enfants.

Ces derniers, qui n'en reviennent toujours pas, suivent leur père jusqu'à son bureau. Il y dépose la boîte et dévisse le couvercle. Au même moment, Alex, Justin et Max voient un petit homme en sortir. Il mesure environ quinze centimètres.

En voyant l'elfe, Alex et ses frères font des « oh ! » et des « ah ! » d'admiration.

— C'est génial ! murmure la jeune fille, le souffle coupé.

— Bonjour à tous, dit le petit homme. Je suis l'elfe de poche diplômé en histoire mais je suis aussi spécialiste du mode d'emploi des elfes de poche. Nous savons tout sur tout, des maladies magiques aux créatures merveilleuses. Des questions ?

Alex lève le doigt.

— Je vous écoute, petite dame au joli chapeau, dit-il à la jeune fille, qui porte en effet une casquette orange vif.

— Est-ce que certains elfes de poche sont spécialistes de sujets qui n'ont rien à voir avec la magie ?

— Bien sûr, répond l'elfe, nous avons une loi qui dit que tous les sujets peuvent être étudiés.

À son tour, Justin veut poser une question et il lève la main.

— Je vous écoute, jeune homme à la coupe de cheveux démodée.

Justin préfère ne pas relever la remarque de l'elfe et demande :

— Combien d'elfes de poche est-ce qu'on peut consulter en même temps ?

— Un seul à la fois, répond M Russo. Les elfes ne sont pas des livres.

Au même moment, Max déchire l'emballage d'une tablette de chocolat. L'elfe s'en aperçoit aussitôt.

— Est-ce que je peux en avoir un morceau ? demande-t-il à Max innocemment.

— Bien sûr, répond le petit garçon en lui tendant un carré.

Mais Jerry Russo bondit entre eux pour empêcher Max de donner quoi que ce soit à l'elfe.

— Non ! Attends ! s'écrie-t-il avant de se tourner vers le petit homme. Tu sais très bien que c'est interdit !

L'elfe de poche hausse les épaules et s'adresse aux enfants Russo.

— C'est vrai… J'ai oublié de vous dire qu'un elfe de poche ne doit pas manger de chocolat, explique-t-il, l'air innocent.

Intrigué, Justin regarde l'elfe.

— Qu'est-ce qui arrivera, s'il mange du chocolat ? demande le jeune homme.

— Pour nous, explique son père, le

chocolat est seulement une délicieuse friandise. Mais si on en donne à ce petit homme, il risque de perdre complètement la tête, ajoute-t-il sur un ton amusé.

— Alors, laisse-le en manger, qu'on rigole un peu ! s'écrie Max, enthousiasmé.

L'elfe de poche sourit. S'il se débrouille comme il faut, il réussira peut-être à mettre la main sur un carré de chocolat.

— Ce n'est pas une si mauvaise idée. Vous savez, ça peut être utile à vos élèves : ils comprendront pourquoi il ne faut pas nous en offrir, dit-il.

— Allez, papa, supplie Max.

— Oui, papa, essayons, ajoute Alex.

— D'accord, finit par répondre M. Russo, même s'il paraît un peu inquiet. Disons que ça fait partie du cours d'aujourd'hui. Alex, passe-moi cette boîte, s'il te plaît.

Il regarde autour de lui, puis donne quelques instructions à ses enfants.

— Écoutez-moi bien : boutonnez

vos vêtements, restez assis et ne posez pas les pieds par terre. Vous portez tous des chaussures fermées ? Bien. Et surtout, ajoute-t-il avec un petit rire gêné, soyez très prudents : sa folie peut être contagieuse… Par conséquent, ne vous faites pas mordre par cet elfe, compris ?

Les enfants Russo font oui de la tête, et leur père donne un carré de chocolat à l'elfe.

Le petit homme l'avale et sourit de nouveau.

— Avant tout, je veux vous remercier pour le chocolat. Merci beaucoup…

Et soudain, il se met à rire comme un fou. M. Russo le soulève et le place dans la boîte, qu'il referme. La boîte se met alors à trembler si violemment que Jerry Russo a du mal à garder le couvercle fermé !

Alex, Justin et Max n'en croient pas leurs yeux.

— Papa ! s'exclame la jeune fille. Qu'est-ce qui se passe ?

— Sortez calmement du sous-sol ! hurle son père. Sans précipitation ! Vite !

Ses enfants partent en courant vers l'escalier et remontent dans leurs chambres.

Quelques instants plus tard, leur père arrive, tout essoufflé. Il a réussi à maîtriser l'elfe de poche. L'expérience n'a pas vraiment marché comme prévu…

Après le dîner, Mme Russo s'assoit sur le canapé du salon pour aider Alex à réviser son espagnol. Elle veut absolument que sa fille réussisse l'examen de rattrapage.

— Bon, revoyons quelques mots, dit-elle. *Como se dice ?* demande-t-elle en montrant la lampe du doigt.

— *Lampito* ! s'exclame Alex.

— *Lampara*, corrige sa mère, en se dirigeant vers le bar de la cuisine. Et ça, *como se dice* ? demande-t-elle en prenant une tasse à café dans la main.

Mais Alex ne s'en sort pas mieux.

— *Cupito* ? dit-elle avec hésitation.

— Oh, mon Dieu, murmure Theresa Russo en secouant la tête.

La jeune fille est découragée.

— L'examen a lieu demain, et si j'échoue encore une fois, je ne pourrai pas voir Riley vendredi soir, gémit-elle.

— Je sais, ma chérie. Pour te consoler, on peut faire des cookies, vendredi, dit Mme Russo en souriant gentiment à sa fille.

Alex n'en revient pas : elle n'a pas de chance ! Comment est-ce qu'elle va pouvoir sortir quand même ? Elle est bien décidée à ne pas rater son rendez-vous avec Riley.

Le lendemain, au collège, Alex est sur le point d'ouvrir son casier quand son amie Harper s'approche d'elle. Elle porte un tee-shirt jaune vif décoré d'énormes pastèques roses… Décidément, Harper a un style bien à elle.

— Comment est-ce que tu penses t'habiller, vendredi soir ? demande-t-elle à son amie.

Mais Harper ne lui laisse pas le temps de répondre, et reprend aussitôt :

— Je crois que je vais porter ce tee-shirt, OK ? Je préfère te prévenir : je n'ai pas envie qu'on soit toutes les deux habillées pareil.

Alex sourit. Comme elle n'a pas envie de faire de peine à son amie, elle ne lui dit pas que ses goûts vestimentaires sont un peu, hem… bizarres.

— Oh, je vois. Tu peux porter ce tee-shirt vendredi, si tu veux. Et tous les jours suivants aussi, ajoute-t-elle d'un ton blagueur.

Harper lui fait un grand sourire.

— Parfait, tout est arrangé. Et ton examen de rattrapage ? Tu l'as passé ?

— Non, je le passe tout à l'heure, pendant l'heure d'études, répond Alex. Mais c'est déjà dans la poche…

— Dans quelle poche ? s'étonne Harper, intriguée. Bon, peu importe. Je te retrouve plus tard, ajoute-t-elle en s'éloignant.

Alex se retourne pour ouvrir son casier. À l'intérieur, un petit homme est assis sur sa pile de manuels scolaires : c'est un elfe de poche… Il porte un large sombrero et un costume blanc.

Ce matin, avant de partir au collège, la jeune fille est discrètement descendue dans le sous-sol, a fait surgir un elfe de poche et l'a caché dans son sac. Heureusement, ses parents ne s'en sont pas rendu compte !

— Ah, *señorita*, vous avez de la chance de m'avoir comme elfe de poche spécialisé en espagnol, dit-il avec un fort accent.

Alex regarde autour d'elle pour vérifier que personne n'a repéré le petit homme. Si ça arrivait, ce serait la catastrophe assurée ! Il ne faut pas que son professeur sache qu'elle a l'intention de tricher pendant l'examen d'espagnol, sinon, la jeune fille aura de gros ennuis. Et surtout, *personne* ne doit savoir qu'elle a des pouvoirs magiques ou qu'elle est apprentie sorcière.

— Ne fais pas de bruit, petit elfe, lui ordonne Alex en l'attrapant pour le mettre dans son sac. Reste là-dedans et tais-toi !

Mais à l'intérieur du sac, elle entend l'elfe qui se met à parler à voix haute :

— Tiens, un journal intime… « Cher journal, Riley est vraiment trop mignon avec sa nouvelle coupe de cheveux… »

Alex n'en croit pas ses oreilles : l'elfe de poche est en train de lire ses pensées les plus secrètes ! Pour le punir, elle fait exprès de cogner son sac contre une poubelle.

— Aïe ! s'écrie le petit homme.

— Oups, désolée, répond Alex avec un grand sourire.

Elle prend une profonde inspiration et se dirige vers la salle d'études pour passer son examen.

Quarante-cinq minutes plus tard, elle en ressort, un large sourire aux lèvres. L'elfe de poche lui a donné toutes les réponses qu'il fallait : elle sait que sa note sera excellente ! Maintenant, il ne lui reste plus qu'une seule chose à faire : se débarrasser de l'elfe avant que quelqu'un le découvre.

Dès qu'elle est de retour chez elle, elle descend directement au sous-sol. Elle pose l'elfe, qui s'est endormi, sur la table, et laisse échapper un soupir de soulagement.

— Allez, réveille-toi, *señorito*. On est arrivés à la maison !

— Est-ce que tu veux que je te prépare un petit déjeuner, *chiquita* ? demande-t-il avec un sourire malicieux. Pendant ce temps, je pourrai manger un de ces délicieux chocolats que tu vas me donner… Tu veux des *huevos* ?

Alex, qui ne comprend pas que l'elfe vient de lui proposer de lui cuisiner des œufs, lui répond :

— Je ne sais pas ce que tu racontes, mais il est hors de question que je te donne du chocolat.

Elle n'a pas oublié ce qui s'est passé hier : elle sait bien qu'un elfe de poche qui a mangé du chocolat perd aussitôt la tête.

— Bravo, lui dit le petit homme. C'était une question piège, et tu t'en es très bien tirée. Voilà pourquoi je veux passer le restant de mes jours à tes côtés, *chiquita*.

Alex lève les yeux au ciel. Cet elfe est vraiment encombrant ! Il est temps qu'il retourne de l'autre côté du portail magique, avant que quelqu'un le découvre…

Mais au même moment, Justin entre

dans le sous-sol. Il a cru entendre la voix de son père.

— Papa, on a terminé de nettoyer la terrasse…

Il s'arrête au milieu de sa phrase : il vient de voir Alex, qui essaie de cacher l'elfe de poche dans son dos.

— Est-ce que c'est un elfe de poche ? lui demande son frère l'air accusateur.

L'elfe marmonne quelque chose en espagnol. Justin, qui a tout compris, est si content qu'il a envie d'applaudir. Sa sœur va avoir de gros ennuis...

— Tricheuse !

— Je n'ai pas triché ! J'ai seulement… se défend Alex.

Mais son frère l'interrompt aussitôt en répétant :

— Tricheuse !

— Je me suis seulement servie de l'elfe de poche pour vérifier mes réponses pendant l'examen d'espagnol. Et alors ?

— Et alors, quelque chose me dit que

tu vas avoir de gros soucis, répond Justin en ricanant.

— N'en parle pas à papa, s'il te plaît... le supplie la jeune fille.

— Pourquoi pas ? Donne-moi une bonne raison de ne pas le faire, réplique son frère.

Pour une fois, Alex ne sait pas quoi répondre. Comment convaincre Justin de ne rien dire à leurs parents ?

Tout à coup, le jeune homme a une idée.

— En fait, je ne vais pas te dénoncer, lui dit-il.

— Oh, merci, réplique Alex, en soupirant de soulagement.

— Mais j'ai bien l'intention de me venger !

Cette fois, c'est au tour d'Alex de se moquer de son frère.

— Oui, bien sûr, mais tu sais que ça n'arrivera jamais. Est-ce que tu as oublié la dernière fois où tu as voulu te venger ?

Au bout du compte, c'est moi qui ai eu la plus grande chambre ! Et toi, qu'est-ce que tu as eu ?

— Rien du tout… se souvient Justin, l'air embarrassé.

— Tu vois, il y a des choses qui ne changent jamais, répond Alex avec mépris.

Sur ce, elle laisse son frère et remonte dans sa chambre. Elles a bien plus important à faire : choisir les vêtements qu'elle portera vendredi soir. Elle ne s'inquiète pas des menaces de Justin. Rien ni personne ne se mettra en travers de son chemin !

4

Le lendemain, après les cours, Alex est impatiente de rentrer chez elle. Elle arrive dans le restaurant de ses parents en agitant fièrement un papier.

— Devine qui a obtenu un A à son examen d'espagnol ? lance-t-elle, rayonnante.

— Vraiment ? demande sa mère. C'est incroyable ! Fais voir, dit-elle en attrapant la copie de sa fille. Waouh ! s'exclame-t-elle en parcourant la feuille des yeux.

Au même instant, M. Russo les rejoint.

— Papa ! s'écrie la jeune fille. Tu ne devineras jamais ! J'ai eu un A à mon examen de rattrapage. Je peux donc sortir avec Riley vendredi soir !

Jerry Russo pousse un gémissement.

— Je ne m'y attendais pas, marmonne-t-il. Je suis très ennuyé…

Alex ne comprend plus rien.

— Ennuyé par ma bonne note ? s'étonne-t-elle.

— Oui, avoue son père d'un ton découragé. Parce que maintenant, il va falloir que l'on discute… des garçons.

Alex, son père et sa mère s'assoient autour d'une table.

— Très bien… voilà… souvent, quand tu te retrouves seule avec un garçon… commence M. Russo d'une voix hésitante.

Mais la jeune fille lui coupe la parole.

— Seule ? De quoi est-ce que tu parles ? Je ne serai pas toute seule avec Riley…

— Ah bon ? s'étonne son père.

— Non. Harper, Stacy, Jeff, Cassandra, Terry, Samantha, Chris, Noah et Kelly seront là eux aussi, répond-elle.

Jerry Russo ne peut pas s'empêcher d'éclater de rire.

— Et tu appelles ça un rendez-vous ? demande-t-il, incapable de contenir son rire. Quand j'étais jeune, ça, c'était pas un rendez-vous !

— Ah oui ? Et c'était quoi, un rendez-vous, à ton époque ? demande Alex.

Mais M. Russo n'a pas tellement envie de répondre à cette question.

— En fait, tu as raison, dit-il. C'était la même chose quand j'étais jeune.

Le vendredi soir arrive enfin.

Justin descend dans le salon et s'assoit sur le canapé, à côté de Max.

— Est-ce qu'Alex est en train de se préparer pour son rendez-vous ? demande le petit garçon.

— Oui, répond son grand frère. Et ça risque de lui prendre beaucoup de temps... J'ai fait de gros nœuds à toutes ses ceintures et je les ai attachées ensemble, explique-t-il d'un ton malicieux.

Pourtant, il y a pire encore... Justin et Max ont un plan qui risque de gâcher la soirée de leur sœur.

— On va enfin pouvoir se venger, dit Max. Quand l'elfe de poche va devenir fou, elle regrettera de ne pas être restée à la maison pour faire des cookies, ajoute-t-il d'un air espiègle.

Justin entend soudain sa sœur qui descend l'escalier.

— Chuuut... la voilà, dit-il à son petit frère.

La jeune fille entre dans la pièce, ses ceintures emmêlées à la main.

— Oh, Justin s'est vengé, dit-elle d'un

ton sarcastique. Il a attaché toutes mes ceintures ensemble pour que je sois en retard à mon rendez-vous ! Quel plan diabolique…

— Waouh, tu as compris que c'était moi ? Je me demande pourquoi j'ai pris la peine de te jouer ce tour, répond Justin avec ironie. Mais au moins, tu peux te détendre. Tu n'as plus à t'inquiéter de ma vengeance.

Il est impatient que sa sœur découvre ce qu'il a imaginé pour *vraiment* se venger !

— Oui, ajoute Max. Ton rendez-vous va très bien se passer, mais il ne faut pas que tu oublies ton sac et…

Justin lui donne un coup de coude pour l'empêcher d'en dire plus.

Alex lève les yeux au ciel. Parfois, elle ne comprend rien à ce que Max raconte… « Mes frères sont des gamins », pense-t-elle. Mais elle n'a pas le temps ni l'envie de leur parler plus longtemps.

Elle prend son sac à main et se dirige vers la porte.

Au même instant, son père entre dans le salon.

— Je m'en vais, papa, lui dit-elle. À tout à l'heure.

— D'accord, ma chérie, répond-il en l'embrassant. Amuse-toi bien.

Alex sort de chez elle, impatiente de retrouver Riley et ses amis ! Elle a hâte que la soirée commence…

Alex et Harper sont à l'entrée du Medium Rare avec tous leurs amis.

— Bienvenue, leur dit l'hôtesse d'accueil d'une voix lasse. Combien est-ce que vous êtes ?

— On est dix, répond Alex, avant de réfléchir un instant. Mais Lauren et Meg vont peut-être venir, et dans ce cas, Kelly refusera de rester.

— Et si Kelly s'en va, ajoute Harper, Stacy appellera Francis, qui viendra nous rejoindre. Et alors, je serai obligée de partir, parce que je n'arrête pas de me disputer avec lui. Combien est-ce que ça fait en tout ? demande-t-elle à Alex.

— Dix, onze, treize ou douze, répond son amie en souriant.

L'hôtesse d'accueil fait une grimace, avant de guider le groupe jusqu'à une grande table.

Dès qu'elle est assise, Alex se penche vers Riley.

— Il paraît que tu as eu ton permis de conduite accompagnée ? lui demande-t-elle, tout excitée.

— Oui ! Regarde ! s'exclame le garçon, très fier.

Il sort son permis de sa poche pour le montrer à Alex.

— Oh, quelle photo extra ! répond la jeune fille. Mais tu sais ce qui la rendrait encore plus cool ? Que je sois sur la photo *avec* toi ! dit-elle avec un sourire.

— Je ne crois pas que l'autoécole sera d'accord… ! répond Riley en riant.

Harper regarde le garçon et son amie. Apparemment, ils s'amusent bien ensemble. Elle se penche vers Alex.

— Toi et Riley, vous vous entendez super bien, chuchote-t-elle, un grand sourire aux lèvres.

— Il est trop génial, murmure Alex. Et il a même le droit de conduire une voiture accompagné d'un adulte, tu te rends compte !

La soirée se passe si bien ! La jeune fille n'en revient pas. « Et tout ça grâce à l'elfe de poche », pense-t-elle.

Chez les Russo, Justin et Max sont assis sur le canapé, enthousiastes à l'idée de ce qui va arriver à leur sœur. Ils ont hâte qu'elle rentre à la maison et qu'elle leur raconte en détail sa soirée catastrophique !

— Elle va être tellement gênée, dit Max. Toi et moi, on est des génies !

— Est-ce que tu as mis beaucoup de chocolat dans son sac ? demande son grand frère.

Max sort une tablette de chocolat de sa poche et la montre à son frère.

— J'en ai mis à peu près autant que ça, répond-il.

Il réfléchit un moment et se rend compte qu'il a fait une énorme erreur.

— Oh… Je devais mettre cette tablette dans son sac, c'est bien ça ?

— Incroyable… C'était la seule chose que tu avais à faire, petit génie ! s'exclame Justin, furieux.

— Je t'avais dit qu'il ne fallait pas me faire confiance ! proteste Max. Ton plan était trop compliqué pour moi.

— C'était compliqué, de mettre une tablette de chocolat dans un sac ?

demande son grand frère.

Max essaie de trouver une explication.

— Non, mais c'était compliqué de ne pas oublier de le faire ! finit-il par dire.

Justin pousse un soupir. Son plan est un désastre… Il doit trouver un moyen d'arranger les choses. Il n'a pas envie de gâcher sa vengeance : il sait qu'il n'aura pas d'autres occasions.

— Il faut qu'on aille dans ce restaurant et qu'on mette le chocolat dans son sac, annonce-t-il à Max.

Quelques instants plus tard, les deux frères sont en route pour le Medium Rare.

5

Pendant ce temps, au restaurant, Alex ne se doute de rien, parce qu'elle n'a pas encore ouvert son sac. Si elle le faisait, elle découvrirait l'elfe de poche que Max et Justin y ont placé. Mais elle est tellement occupée à admirer Riley qu'elle ne peut pas penser à autre chose.

— Quand j'aurai ma voiture, j'achèterai un porte-clés avec une plaque de métal, dit Riley. Et j'ai pensé que je pourrais faire mettre ton nom dessus…

qu'est-ce que tu en dis ?

Alex essaie de rester calme, mais elle n'en revient pas !

— Si tu veux, répond-elle à Riley comme si de rien n'était.

Pourtant, elle ne peut pas s'empêcher de se tourner vers sa meilleure amie.

— Est-ce que tu as entendu ça, Harper ? s'écrie-t-elle, tout excitée. Il va faire écrire mon nom sur son porte-clés !

— Je crois que je vais pleurer... je m'étais promis de ne pas le faire, répond Harper, tout émue.

Au même moment, Justin et Max entrent dans le restaurant et repèrent immédiatement leur sœur.

— La voilà ! Baisse-toi ! dit Justin à son petit frère.

Ils se cachent derrière un chariot à desserts.

— Excusez-moi, qu'est-ce que vous faites là ? leur demande un serveur.

— On essaie de trouver un moyen de

mettre du chocolat dans *son* sac à main, annonce Justin, le doigt pointé sur Alex.

— Pourquoi ? demande le serveur.

— Pour embêter notre sœur, répond Max d'un air très détaché.

Le serveur a un grand sourire.

— Moi aussi, j'ai une sœur. Allez, glissez-vous là-dessous !

Justin et Max passent sous la nappe du chariot et le serveur les emmène discrètement jusqu'à la table d'Alex. Max se dépêche de placer la tablette de chocolat dans le sac de sa sœur sans qu'elle s'en aperçoive.

— Oh, c'est délicieux, dit une petite voix dans le sac. Vous feriez mieux de vous éloigner un peu de moi, maintenant, les prévient-il.

Ça tombe bien : Justin n'a pas envie de rester dans les parages. En tout cas pas si près, parce qu'il sait ce qui risque d'arriver…

— Demi-tour, dit-il au serveur.

Celui-ci les ramène vers l'entrée du restaurant, où ils pourront observer la table d'Alex.

La jeune fille, qui ne se doute toujours de rien, continue à bavarder et à rire avec Riley. Harper regarde son amie. Elle est très heureuse pour Alex. Au bout de quelques instants, elle fouille dans son sac pour attraper son baume pour les lèvres, et s'aperçoit alors qu'elle l'a oublié chez elle.

— Alex, est-ce que tu as du baume pour les lèvres ? demande-t-elle à son amie.

— Attends, je vais voir, répond la jeune fille en plongeant la main dans son sac. Aïe ! s'écrie-t-elle soudain. Quelque chose m'a mordue !

Elle regarde à l'intérieur du sac et voit l'elfe de poche qui l'a aidé à tricher pendant l'examen d'espagnol.

— Qu'est-ce que tu fais là ? chuchote-t-elle, furieuse. Et pourquoi est-ce tu m'as mordue ?

— Je mange du chocolat et j'adore ça !

déclare l'elfe, tout excité. Et tu n'en auras pas ! Non, tu n'en auras pas ! ajoute-t-il d'une petite voix chantonnante.

— Je n'en veux pas, de ton chocolat, répond la jeune fille en chuchotant nerveusement.

Comment est-ce qu'elle va se débarrasser de cet elfe encombrant ? Elle n'en a aucune idée !

Max, toujours caché sous la nappe du chariot, n'est pas très content de ce qui se passe. Ou plutôt, de ce qui ne se passe pas ! L'elfe est censé perdre la tête !

— Il l'a simplement mordue ! informe-t-il son grand frère.

Les deux garçons ont l'air de penser que leur plan ne marche pas du tout. Ils ont certainement oublié qu'il est dangereux de se faire mordre par un elfe de poche ! Ils se contentent de soupirer et continuent de surveiller la table de leur sœur…

À côté d'Alex, Riley a changé de sujet : maintenant, il se vante de la voiture qu'on lui offrira quand il aura réussi son permis.

— J'aimerais bien qu'elle soit bleu foncé, explique-t-il à la jeune fille.

— Ça ira très bien avec la couleur de tes yeux, répond Alex d'un air distrait.

Elle regarde fixement la glace au chocolat que le serveur vient de placer devant Riley.

— Est-ce que je peux la goûter ? lui demande-t-elle.

— Bien sûr, répond le garçon en lui faisant signe de se servir dans son assiette.

Alex fait claquer sa langue. Elle est tellement concentrée sur ce qu'elle mange qu'elle ne fait presque plus attention à ce que Riley raconte.

— De quelle couleur sera l'intérieur de ta voiture ? lui demande-t-elle d'un air distrait.

Elle avale une nouvelle bouchée de glace. Elle a encore envie de chocolat. Une envie folle !

— Un beau cuir marron clair, je pense,

répond Riley qui commence à la trouver bizarre.

— Je préfère le marron foncé, lui dit Alex en terminant le dessert de Riley.

Elle s'intéresse maintenant à l'assiette de Harper.

— Est-ce que je peux en avoir ? demande-t-elle à son amie.

— Oui, vas-y… articule lentement Harper.

Elle ne comprend pas ce qui se passe. On dirait que sa meilleure amie n'a pas mangé depuis des semaines !

Pendant ce temps, Alex continue de parler de couleurs.

— Hummm. En tout cas, les couleurs de notre collège ne sont pas bien assorties, dit-elle en se léchant les lèvres. Ce bleu et ce doré, quelle horreur ! Voilà pourquoi je refuse d'être dans l'équipe des majorettes. Tiens, je devrais lancer une pétition pour demander à ce qu'on change ces couleurs : bleu nuit et chocolat, ce serait beaucoup plus joli.

À présent, elle mange le dessert de quelqu'un d'autre : un milkshake au… chocolat, avec une paille en… chocolat ! Quand elle s'aperçoit que la paille et le verre se mangent, elle n'en revient pas, et elle croque dedans. Bientôt, son visage est couvert de chocolat !

— Oui, bonne idée, lui dit Riley d'un air inquiet.

« Cette fille a vraiment de l'appétit, pense-t-il. Mais elle n'arrive pas à se contrôler… »

— Attends, lui dit Alex en attrapant un autre gâteau sur la table. Qu'est-ce que tu disais ? demande-t-elle en avalant une énorme bouchée.

Dans leur cachette, les frères Russo n'en croient pas leurs yeux : Qu'est-ce qui arrive à leur sœur ?

— Mais… bien sûr ! chuchote Justin à Max. Quand il l'a mordue, l'elfe lui a transmis son envie maladive de chocolat !

Pendant ce temps, le chocolat coule sur le menton de la jeune fille. Riley se met à rire nerveusement. Il ne comprend pas ce qui lui arrive… il essaie de ne pas faire attention à son attitude si étrange et continue de bavarder avec elle.

— Pour ma voiture, je voudrais que les pneus arrière soient plus gros qu'à l'avant, lui dit-il, en espérant qu'Alex va de nouveau se comporter normalement.

Mais la jeune fille est affamée ! Elle aperçoit un couple en train de manger un gâteau à la table voisine. Elle se lève et va les voir.

— Bon anniversaire ! leur dit-elle d'un ton joyeux. Je savais bien que ça marcherait du tonnerre entre vous. Est-ce que je peux en avoir un bout ? demande-t-elle en regardant leur dessert d'un air gourmand.

Alex n'attend pas leur permission : elle s'empare du reste du gâteau et l'enfourne dans sa bouche !

Après un tel morceau, tout le monde pense qu'elle a terminé. Mais un serveur passe près d'elle : il porte un énorme bol rempli de chocolat liquide. Comment pourrait-elle résister ?

— Attendez, j'en veux ! s'écrie-t-elle en s'emparant du bol.

— Tu es sûre qu'elle est dans son état normal ? demande Riley à Harper, d'un air un peu dégoûté.

Harper ne sait pas quoi répondre.

— Oh, tu sais comment on est, nous les filles, dit-elle très vite. On adore le chocolat.

Sans se rendre compte qu'elle se donne en spectacle, Alex se met à boire le chocolat liquide, qui coule de tous les côtés ! Au même instant, un serveur passe tout près et la bouscule sans le faire exprès. Elle lâche le bol, qui s'écrase sur le sol.

— Oh, une patinoire de chocolat ! s'exclame-t-elle en se jetant par terre pour se rouler dans le liquide collant.

Justin et Max, toujours près du chariot de dessert, continuent d'assister à la scène : c'est encore mieux que ce qu'ils espéraient. C'est un désastre total !

— Quelle douce vengeance ! s'exclame Max.

— Une vengeance sucrée et… poisseuse ! ajoute Justin.

Alex se redresse enfin, couverte de chocolat de la tête aux pieds.

— Je m'amuse tellement ! lance-t-elle à tous les gens qui la regardent.

Mais Riley ne trouve pas ça drôle du tout. C'est la première fois qu'il sort avec une fille aussi folle. Il n'a qu'une envie, partir au plus vite. Il se lève, pose de l'argent sur la table et s'éloigne précipitamment.

— Elle a passé une excellente soirée, lui crie Harper. Je suis sûre qu'elle voudra un autre rendez-vous !

« Quelle horreur, pense le garçon, en s'enfuyant du restaurant. Pas question de sortir de nouveau avec elle ! »

Le serveur s'approche de Max et Justin.

— Est-ce que vous voulez que j'appelle vos parents ?

— Ça serait génial ! répond le jeune homme. Il faut qu'ils voient ça !

Finalement, leur plan a fonctionné à merveille !

M. et Mme Russo viennent chercher Alex, Justin et Max au restaurant et rentrent directement à la maison.

Un fois dans le salon, Theresa Russo regarde sa fille.

— Est-ce que tu allais longtemps nous faire croire que tu avais progressé si vite en espagnol ? lui demande-t-elle, furieuse.

— Non, seulement jusqu'à demain. Je ne voulais pas manquer mon rendez-vous avec Riley, c'est tout, explique Alex avec franchise.

Jerry Russo la regarde d'un air déçu.

— Tu as failli révéler à tout le restaurant que tu avais des pouvoirs magiques, lui dit-il.

— Je sais, avoue la jeune fille. Mais je me suis punie toute seule : vu mon comportement, Riley ne voudra plus jamais m'adresser la parole.

Elle espère que cet argument va lui éviter une autre punition. La manière dont elle s'est donnée en spectacle est déjà le pire des châtiments !

Jerry Russo se tourne alors vers ses fils.

— Votre présence dans le restaurant me dit que vous devez être pour quelque chose dans ce désastre… annonce M. Russo d'un ton accusateur.

Justin essaie de se justifier.

— On était en route pour un autre endroit, et on s'est juste arrêtés quelques instants au Medium Rare, dit-il maladroitement.

— Est-ce que quelqu'un pourrait vraiment m'expliquer ce qui s'est passé ? demande leur père, découragé.

— Bon, voilà, commence Justin, prêt à tout raconter.

Mais Alex lui coupe la parole.

— Je les ai appelés quand j'ai vu que les choses tournaient mal, ment la jeune fille. Ils sont venus m'aider, ce n'est pas de leur faute.

Jerry Russo semble prêt à accepter cette explication.

— Très bien. Allez, va te passer sous le jet d'eau de la terrasse, dit-il à sa fille.

— D'accord, papa !

— Et vous deux, ajoute-t-il en s'adressant à ses fils, vous nettoierez la terrasse quand elle aura terminé.

Sur ces mots, leurs parents quittent la pièce.

— Merci de ne pas nous avoir dénoncés, dit Justin à sa sœur.

— Ne me remercie pas, réplique Alex. J'ai bien l'intention de me venger !

— Oh non, pas ça… gémit Max. Je préfère encore qu'elle raconte tout à papa !

— Papa ! s'écrie Justin en courant après lui dans l'escalier. C'était nous !

— Oui ! ajoute Max en suivant son grand frère. On a mis un elfe de poche dans le sac d'Alex !

La jeune fille éclate de rire. Il n'y a rien d'autre à faire. Il va falloir qu'elle invente une explication pour Riley…

Mais au moins, cette aventure a un avantage : Alex a compris la leçon. À partir de maintenant, elle va mieux travailler son espagnol. Ça fera plaisir à ses parents.

Et cette fois, pense-t-elle en regardant

ses vêtements tachés de chocolat, elle n'aura pas besoin d'un elfe de poche !

Alex se retrouve toujours dans
des situations incroyables...
et magiques !
Découvre la prochaine histoire
des Sorciers de Waverly Place dans :

Le bal de promo

C'est la cata ! Justin va au bal de promo avec Miranda, une nouvelle élève de son lycée... mais il a un énorme bouton sur le visage ! Et le pire, c'est qu'Alex a décidé de l'aider, en utilisant un soupçon de magie. Une très mauvaise idée, apparemment...

Tu connais les aventures extraordinaires de la famille Russo ? Retrouve-les dans les autres tomes des Sorciers de Waverly Place :

Haute voltige !

Le bal de promo

Dans la gueule du loup !

L'école des sorciers

Coup de foudre

Et Alex est aussi au cinéma dans le roman du film Les Sorciers de Waverly Place :

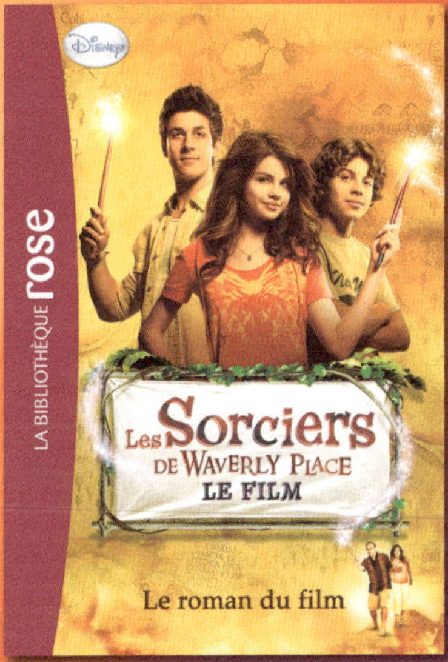

Toute la famille Russo s'envole pour des vacances dans les Caraïbes ! Pour éviter de passer trop de temps avec ses parents, Alex n'hésite pas à désobéir... avec un soupçon de magie, bien sûr !

our tout savoir sur ta série préférée, connecte-toi sur le site :

www.bibliotheque-rose.com

TABLE

« Pour l'éditeur, le principe est d'utiliser des papiers composés de fibres naturelles, renouvelables, recyclables et fabriquées à partir de bois issus de forêts qui adoptent un système d'aménagement durable. En outre, l'éditeur attend de ses fournisseurs de papier qu'ils s'inscrivent dans une démarche de certification environnementale reconnue. »

Photogravure Nord compo – Villeneuve d'Ascq

Imprimé en Roumanie par G. Canale & C. S.A.
Dépôt légal : octobre 2010
Achevé d'imprimer : juin 2012
20.20.2105.3/02 – ISBN 978-2-01-202105-1
Loi n°49-956 du 16 juillet 1949
sur les publications destinées à la jeunesse